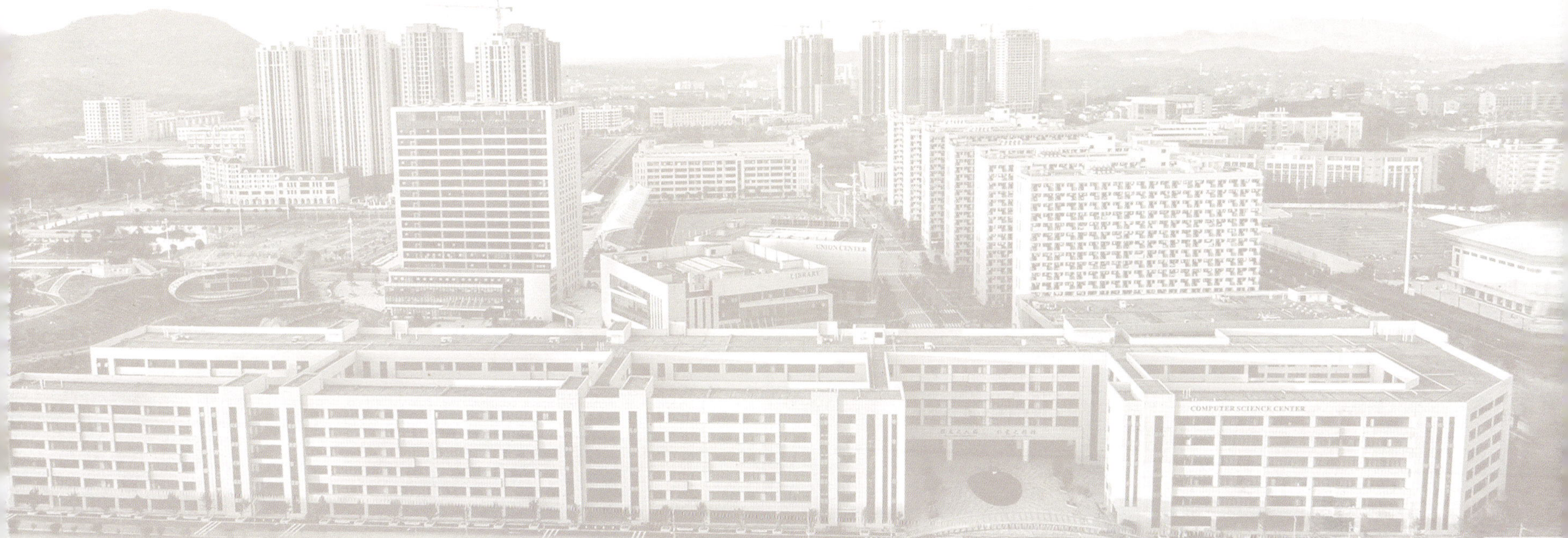

湖南外国语职业学院
The International Development of Hunan College of Foreign Studies
国际化发展进程

主　编	宁　平	高嘉庆								
副主编	宁　翔	付兴华	张梦婷							
顾　问	肖建安	黄　硕	任　征	曾　亚	赵慧敏	曹　杨	刘文峰	樊　静	谢艳梅	王明明
编　委	刘金明	马亚琴	陈敬良	周东翔	刘凤健	陈思颖	唐　强	曾　卉	王梓霖	卢亚婷
	习　超	谢　莉	杨　玲	刘　芳	樊玮虹	刘星杏	李　靓			

同济大学 出版社
·上海·

Foreword

湖南外国语职业学院办学30年以来，坚持走"职业化、市场化、国际化"发展道路，为社会发展培养了4万余名具备外语特长的应用型和技能型人才。我校是中国教育国际交流协会常务理事单位、湖南省教育国际交流协会副会长单位、湖南省中非经贸合作促进研究会副会长单位、世界职业教育院校联盟会员单位、中非经贸合作职业教育产教联盟、世界法语大学联盟（AUF）成员单位。

湖南外国语职业学院是中南地区开设外语语种最多，外语人才培养规模最大的外语类院校之一。我校一直致力于服务中非经贸深度合作以及"一带一路"倡议，截至2022年7月，我校已向中非贸易企业输送了12届毕业生，向非洲输送小语种人才近900人。

从2017年起，我校为"湖南-非洲地方产业合作对接会"和"中非经贸博览会"共提供志愿者超500人次，承担了接送机、会场接待、产品介绍、联系合作、现场翻译、贴身管家等任务，同时进入"中非经贸博览会"主会场参与现场翻译、大使团服务等关键岗位志愿服务工作，得到了主办单位的一致好评。

我校设立国际教育学院，探索基于学分互认的高质量、高水平合作，创新和丰富人文交流形式，推动国际中文教育品牌建设。我校与美国凯泽大学、美国韦恩州立大学、英国桑德兰大学、西班牙萨拉戈萨大学、日本北洋大学等20余个国家的40多所大学缔结合作关系，与哥伦比亚驻华大使馆、法国驻武汉总领馆、老挝驻长沙总领馆、葡萄牙驻广州总领馆等外国驻华使领馆长期合作。

编者

2023年10月

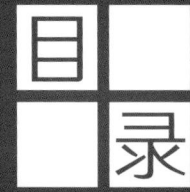

Contents

	前言 Foreword	02
06	国际友谊 International Friendship	
	校际合作 International Cooperation	16
22	友好往来 International Exchanges	
	学生活动 Student Activities	34
42	广交朋友 Meeting New People	
	国际友人 Friends	54
82	校友风采 Alumni	
	社会服务 Social Outreach	88
96	国际学生 International Students	

国际友谊
International Friendship

1. 2021年6月2日，宁平董事长与时任法国驻武汉总领事馆总领事贵永华先生共栽茶树。
2. 2023年2月21日，宁平董事长与葡萄牙驻广州总领事馆总领事安娜·科尔代罗女士共栽茶树。
3. 2023年7月13日，荣誉校长江波教授与安哥拉驻广州总领事馆总领事朱蒂特·科斯塔女士共栽桂花树。
4. 2023年7月13日，宁翔副董事长与莫桑比克驻华大使馆政治和商务参赞若昂·希林达先生共栽桂花树。

1. 2021年6月2日，法国驻武汉总领事馆总领事贵永华一行访问我校。
2. 2021年6月2日，宁平董事长在法国驻武汉总领事馆与总领事贵永华亲切交谈。
3. 2019年5月23日，法国驻武汉总领事馆教育专员李惟晟先生、法国高等教育署武汉中心负责人肖让先生、法国驻武汉总领事馆教育合作项目官员李丹女士、法国高等教育署武汉中心留学顾问佘姗姗女士来访我校。

❶ 2016年5月5日，宁平董事长受时任葡萄牙驻华大使若热·托雷斯·佩雷拉（右二）邀请，赴大使官邸参加世界葡语日庆祝晚宴。
❷ 2023年2月21日，葡萄牙驻广州总领事馆安娜·科尔代罗总领事一行访问我校。
❸ 2023年6月9日，宁翔副董事长受葡萄牙驻广州总领事馆安娜·科尔代罗总领事邀请出席葡萄牙国庆招待会。
❹ 2023年6月7日，宁翔副董事长一行访问葡萄牙驻广州总领事馆安娜·科尔代罗总领事。

1 2023年7月13日，安哥拉驻广州总领事馆总领事朱蒂特·科斯塔出席我校举行的葡萄牙语教育产教联盟成立大会并致辞。
2 2023年7月12—14日，安哥拉驻广州总领事馆总领事朱蒂特·科斯塔访问我校。
3 2023年6月6日，宁翔副董事长一行访问安哥拉驻广州总领事馆。

1-**3** 2023年7月13日，莫桑比克驻华大使馆政治和商务参赞若昂·希林达来访我校。

1-**2** 2023年5月9日,宁翔副董事长在长沙会见哥伦比亚驻华大使塞尔希奥·卡夫雷拉。

1 2020年12月29日，宁翔副董事长与时任老挝驻长沙总领事馆总领事本·印塔巴迪进行交流洽谈。
2 2022年7月1日，宁翔副董事长与老挝驻长沙总领事馆总领事颂奇·旺康进行交流洽谈。

❶ 2023年6月9日，宁翔副董事长与马来西亚驻广州总领事馆总领事苏莱雅（中）、秘鲁驻广州总领事馆总领事鲁本·埃斯皮诺萨（右二）及乌兹别克斯坦驻广州总领事馆总领事奥塔别克·瓦列夫（左一）亲切交谈。

❷ 2023年6月8日，宁翔副董事长一行会见加拿大驻广州总领事馆副领事庄罗珊。

❸ 2023年6月7日，宁翔副董事长一行会见哥伦比亚驻广州总领事馆总领事埃尔南·巴尔加斯·马丁（右二）。

❹ 2023年6月7日，高嘉庆董事会见智利驻广州总领事馆总领事塞萨尔·安德烈斯·甘博亚·阿拉尔孔。

校际合作
International Cooperation

❶ 2010年7月，宁平董事长一行前往韩国、日本，先后考察了韩国建国大学、大邱大学、岭南大学、大邱工业大学及日本福冈国际学院、日本京都情报大学院大学等多所具有代表性的学校并签署了合作协议。

❷ 2012年3月2日，阿布扎比大学教务长詹姆斯·麦金博士一行访问我校，双方签订合作协议。

❸ 2011年11月8日，应马来西亚TOC汽车科技学院总裁胡丽筠的邀请，宁平董事长一行赴马来西亚进行考察访问，并签署了备忘录。

❹ 2010年12月19—20日，日本美罗斯言语学院理事长香川顺子、事业部部长伊原久慧、执行理事香川泰一行三人来我校访问，双方签订了友好协议。

❺ 2012年4月19日，时任校长刘国宪考察阿根廷布宜诺斯艾利斯大学并签署备忘录。

1 2012年4月25日，与智利贝尔纳多·奥希金斯大学签署国际合作办学协议，其在我校设立亚洲留学服务中心。

2 2015年1月9日，韩国世翰大学校长李昇勋一行访问我校，双方签订合作协议。

3 2013年3月28日，法国中央大区卢瓦尔河谷酒店餐饮及旅游高等职业学校校长Didier Leder一行访问我校，双方签订合作协议。

4 2012年5月31日，美国劳伦学院中国服务中心授牌落户我校。劳伦学院副校长克鲁克斯、劳伦文学院院长罗伯特博士、劳伦学院国际部主任安娜斯卡博士列席本次授牌仪式。

1 2016年4月26日，俄罗斯托木斯克理工大学预科学院院长古扎洛娃女士一行来我校访问，双方签订合作备忘录。
2 2020年4月21日，我校与美国凯泽大学举行线上合作签约仪式。
3-4 2020年8月26日，国际教育学院首批专业合作院校签约仪式隆重举行。中国、美国、法国、西班牙和日本5个国家10余所学校在全球10个城市线上线下共同参加了签约仪式。

1 2023年3月9日,美国韦恩州立大学国际合作副校长、全球化研究教授修华静博士来我校访问,双方签订"2+2"本科联合培养项目合作协议。

1 2023年7月3日，宁翔副董事长一行访问日本鹿岛学园高中，双方签订合作协议。
2-**3** 2023年7月6日，我校与葡萄牙布拉干萨理工学院线上续签合作协议，校长奥兰多·罗德古斯、副校长路易斯·派斯教授出席仪式。

友好往来
International Exchanges

1 2010年3月29日,墨尔本金融管理学院公共关系总监夏德维来访我校。

2 2010年3月15日,美国达拉斯浸会大学副校长格利高里博士来访我校。

3 2010年6月22日,韩国全罗南道代表团来访我校。木浦大学国际交流院白智淑部长(左一)、全南科学大学省政府督导员Yang, Guk-Jin(中)、全南科学大学国际交流教育院吴珉铎室长(右一)、全罗南道政策企划官室国际交流处科长李爱兰(右二)。

4 2013年4月24日,俄罗斯乌拉尔联邦大学国际交流部副部长Sergey Glazkov、南乌拉尔国立大学国际留学部负责人Rotyakova Ekaterina一行访问我校。

1 2012年10月19日，宁平董事长一行参加第13届中国国际教育展，与俄罗斯托木斯克理工大学副校长塔基亚娜·佩特罗夫斯卡娅洽谈。
2 2014年10月28日，宁平董事长一行参加加拿大应用技术大学联盟举行的中加职业院校对接会，与世界职教联盟主席及加拿大职教协会主席兼首席执行官尤迪理女士洽谈。
3 2011年5月25日，湖南外国语职业学院和德国欧福应用技术大学主办"湖南省-黑森州高等职业教育研讨会"。
4 2014年12月18日，我校成为世界职业教育院校联盟成员单位。宁平董事长一行出席世界职教院校联盟2014年年度峰会，与巴西联邦高等教育院校联盟国际事务官员Brackmann教授及Cerejo女士洽谈。

1 2011年12月7至10日，马来西亚TOC汽车科技学院代表团来访我校。
2-3 2013年5月，宁平董事长一行赴俄罗斯考察访问奔萨国立大学、下诺夫哥罗德国立经济工程学院及托木斯克理工大学等高校。

1 2014年4月15日上午，西班牙阿尔卡拉大学亚太区代表Rafael Martín Rodríguez教授访问我校。
2 2014年10月28日，英国胡弗汉顿大学常务副校长Lan Dakes一行到访我校。
3 2015年5月21日，马来西亚百纳利管理与创业大学Joseph Adaikalam执行总裁（左四）一行访问我校。

1. 2015年7月3日，加拿大拉萨尔学院国际部主任 Veronica Cartagenova（右五）访问我校。
2. 2015年10月29日，西班牙梅南德斯·佩拉尤国际大学副校长 Sebastian Coll Martin 一行访问我校。
3. 2016年4月12日，美国西弗吉尼亚州立大学国际中心主任威廉·爱德华博士（左三）访问我校。

1 2017年2月27日,葡萄牙理工学院Dina Macias,Anabela Martins和Isabel Chumbo(左三)来访我校。
2 2017年5月15日,韩国又松大学副校长甘瑞媛一行访问我校。
3 2017年5月23日,澳门理工学院葡语教学研究中心主任Carlos教授(右四)一行访问我校。
4 2018年10月24日,法国瓦岱勒国际酒店管理学院尼姆校区副院长Elisabeth Cres(左六)来访我校。

1-4 2018年3月29日，日本大阪滋庆教育集团常务理事桥本胜信先生一行来访我校。

1 2019年6月5日，德国包岑双元制大学经济信息学教授Sven Geise（右三）一行访问我校。
2 2020年12月3日，我校与理光图像技术（上海）有限公司签订校企合作协议。
3-4 2019年11月5日下午，韩国世翰大学校长李昇勋一行访问我校。
5 2023年3月6日，日本滋贺县驻湖南办事处荻野大所长访问我校。

1 2023年2月3日，宁翔副董事长一行访问安哥拉让·皮亚杰大学。
2 2023年2月3日，宁翔副董事长一行拜访安哥拉中国总商会。
3 2023年2月3日，宁翔副董事长一行拜访安哥拉福建总商会。
4 2023年2月3日，宁翔副董事长一行拜访安哥拉江苏总商会。

1 2023年2月5日，宁翔副董事长一行考察中铁二十局集团安哥拉国际有限公司。
2 2023年2月6日，宁翔副董事长一行考察中洋集团安哥拉奥德工业园。
3 2023年2月3日，宁翔副董事长一行考察中国海山国际投资控股有限公司（安哥拉）。
4 2023年2月3日，宁翔副董事长一行考察安兴国际集团有限公司。

1 2023年3月1—3日，宁平董事长一行在日本淑德大学考察交流。
2 宁平董事长与淑德大学山口光治校长互赠纪念品并亲切合影。
3 宁平董事长与京都育英馆教育集团松尾英孝理事长互赠纪念品并亲切合影。

学生活动
Student Activities

1-2 2010年6月2日，我校英语系、经管系和多语系的16名学生赴美开展暑期带薪实习工作。
3 2011年7月10日，我校举行与韩国江原大学合作举办的韩国游学营开营仪式。
4 2011年8月28日，德国欧福大学10名学生与我校8名学生组成湖外与德国欧福大学生夏令营团。

1 2012年暑期，我校主办中美国际夏令营。
2 2012年暑期，我校主办第二届中德国际夏令营，德国大学生学习功夫扇。
3 第二届中德国际夏令营的德国留学生展示双节鞭。
4 宁平董事长为第二届中德夏令营的德国大学生颁发学习证书。

1 2017年9月，2015级应用葡萄牙语专业的学生赴葡萄牙布拉干萨理工学院深造。
2 2016年4月，我校首批赴埃及学习的阿拉伯语专业学生合影留念。
3 2015年11月2日，赴伊朗、菲律宾工作的商务英语专业、西班牙语专业学生合影。

1 2023年2月1日，宁翔副董事长一行护送9名葡萄牙语专业2020级学生赴安哥拉开展岗位实习。

2-3 2023年3月22日，国际教育学院西班牙语专业与西班牙萨拉戈萨大学举办两校师生见面会，萨拉戈萨大学副校长Francisco Beltrán、国际教育学院院长Vicente Lagüens出席会议。

1 2023年2月21日至3月3日，葡萄牙作家奥古斯蒂娜·贝萨-路易斯的百年纪念展于我校举办，葡萄牙驻广州总领馆总领事安娜·科尔代罗与宁平董事长共同为纪念展揭幕。
2-4 2023年2月21日，我校与葡萄牙驻广州总领事馆共建葡萄牙文化研究交流中心。

1-2 2023年3月6日，日本滋贺县驻湖南办事处荻野大所长来我校进行日本文化讲座。
3-4 2023年3月8日，美国韦恩州立大学国际合作副校长修华静教授于我校进行中美教育对比与思考的专题讲座。

广交朋友

Meeting New People

1 2009年9月，宁平董事长在瑞士日内瓦的联合国欧洲办事处前拍照留念。
2 2009年9月，宁平董事长在梵蒂冈圣彼得大教堂拍照留念。

1-**4** 2009年9月，宁平董事长赴法国考察。

1-3 2009年9月,宁平董事长赴意大利考察。

1-4 2009年9月，宁平董事长赴英国考察。

1-**3** 2019年11月2日，宁平董事长出席中国-南非商业圆桌会议，并与时任南非副总统戴维·马布扎亲切合影。

❶ 2023年3月3日，宁平董事长与日本千叶县知事熊谷俊人互赠礼物，并亲切合影。
❷ 2023年3月4日，宁平董事长一行与山森财团法人山森会长合影留念。
❸ 2023年3月5日，宁平董事长一行考察日本うらら江南介护设施并与长屋荣一社长合影留念。
❹ 2023年3月6日，宁平董事长一行参观名古屋市五家养老看护院并与知名看护专家、优秀企业家加纳千鹤子女士合影留念。

1 2023年3月10日，宁平董事长拜访日本众议院议员、经济产业委员会委员长浮岛智子女士。
2 2023年3月6日，宁平董事长一行会见了日本企业家、实干家石川先生。
3 2023年3月10日，宁平董事长一行考察日本オカフーズ株式会社并与冈孝行社长合影留念。

1 2023年6月9日，宁翔副董事长出席葡萄牙国庆招待会，与澳门大西洋银行首席执行官（CEO）、葡中工商会澳门分会主席区伟时交谈并合影留念。
2 2023年7月14日，宁翔副董事长前往澳门公职人员协会拜访澳门特别行政区立法会议员高天赐。

1. 2023年7月，宁平董事长赴蒙古考察。
2. 2023年8月24日，宁平董事长受邀访问柬埔寨，并与前柬埔寨人民党常委、国会第四委员会主席、磅湛省议员洪能的夫人梁武珩亲切交谈。

1 2023年8月20日,宁平董事长受邀访问柬埔寨,并与柬埔寨常务国务秘书、国防部副部长宁帕亲切交谈。
2 2023年8月20日,宁平董事长受邀访问柬埔寨,并与柬埔寨常务国务秘书助理兼宣传与监控站管理局局长陈利翔合影。

国际友人

Friends

1 Youssef Rafi,摩洛哥籍法语教师（2011年至今），中国中南大学博士，获得中国上海交通大学工商管理硕士（MBA）证书。Youssef Rafi 自2011年起担任我校法语教师，任职以来多次获得年度"优秀教师"的称号，并荣获"星城友谊奖"，为中外文化交流作出了杰出贡献。
2 2013年11月20日，Youssef Rafi 获长沙第二届"星城友谊奖"，时任市委副书记、市长张剑飞为其颁奖。

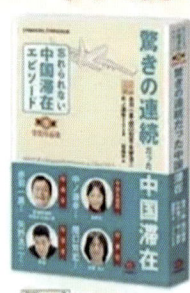

2022外国友人看长沙暨"看长沙"短视频比赛评选结果出炉

---

1 横山明子,日籍日语教师(2014年至今),日本国士馆大学学士。横山明子自2014年起担任我校日语教师,任职以来多次获得年度"优秀教师"的称号,先后担任了初级日语会话、中级日语会话、日语语音、日本概况等课程的教学。

2-3 2022年,横山明子获第五届日本人讲述"难忘的中国故事"征文大赛一等奖,及2022外国友人看长沙暨"看长沙"短视频比赛三等奖。

1 Orvila Lgnas Almacen，菲律宾籍英语教师（2006 年至今），菲律宾邦贵大学硕士，曾任菲律宾碧瑶大学教师。Orvila Lgnas Almacen 自 2006 年起担任我校英语教师，在任职期间多次获得年度"优秀教师"的称号，并荣获湖南省第四届"潇湘友谊奖"。
2 2008 年 9 月 28 日，我校菲律宾籍教师 Orvila Ignas Almacen 获"第四届潇湘友谊奖"，时任省委副书记、省长周强为其颁奖。

❶ Khalimanchuk Olena，乌克兰籍客座俄语教师（2016—2019年，2023年至今），乌克兰扎波罗热国立大学学士，曾进修俄语专业课程、教育学课程。她是心理学家、NLP教练，具有15年高等学校工作经验。

❷ Sulaj Denisa，阿尔巴尼亚籍客座英语教师（2022年至今），阿尔巴尼亚地拉那理工大学学士，中国长沙理工大学硕士，自2022年起担任我校客座英语教师。她拥有通用英语教师资格证书（TEFL证书），汉语水平测试五级（HSK-5）证书，曾任中国和阿尔巴尼亚多所高等学校英语教师。

❸ Kito Ahmad，叙利亚籍阿拉伯语教师（2021年至今），中国湖南大学博士。在华12年，他有3年语言学院教学经验及7年阿拉伯语教学经验，2019—2020年任国际阿拉伯语联合会成员、校对员。他曾获2022外国友人看长沙暨"看长沙"短视频比赛一等奖。

❹ Silva Rodriguez Luis Felipe，哥伦比亚籍西班牙语教师（2022年至今），中国北京语言大学硕士，精通葡萄牙语。2018年他获"中国政府奖学金"。他对东西方各国文化颇为了解，能够引导学生了解西方国家国情，课堂注重互动，善于活跃气氛，教学方法新颖。

1 Luca Stanga,意大利籍英语教师（2021年至今），意大利锡耶纳大学硕士。拥有 TESOL、TEFL 证书，汉语水平测试五级（HSK-5）。曾任意大利中学英语教师、英孚高级教师，接受英孚上海总部高级教师培训，获得剑桥大学教学知识考试证书。因其认真负责的工作态度，被评为2022年度校内"优秀教师"。
2 Claudio Ancarola,意大利籍意大利语教师（2021年至今），意大利那不勒斯菲里德里克第二大学硕士。他曾在意大利卫生服务领域工作，因对中国文化的好奇和热爱，于2014年来到中国，其后一直在高等学校任教，将教授和分享知识作为使命。
3 Kalle Mikael Gustaf Nyman,瑞典籍德语教师（2023年至今），美国圣路易斯华盛顿大学硕士，瑞典斯德哥尔摩大学德语专业学士，并获瑞典官方教师资格证。常年从事德语、英语以及瑞典语教学。曾任教于欧洲和美国多所高校。
4 Dhia Zouaoui,突尼斯籍客座英语教师（2021年至今），突尼斯斯法克斯大学硕士。主修英语教育，钻研 TEYL 和 TEFL 的学习。他在长沙有8年英语教学经验。

1 Diogo Paulo Brandão Farias,葡萄牙籍葡萄牙语教师（2020年至今），葡萄牙天主教大学硕士。曾任教于巴西和中国多所高校，有15年高校教学经验。
2 Paulo Jose Machado Fernandes Da Silva,葡萄牙籍葡萄牙语教师（2018—2020年，2023年至今），葡萄牙国际大学学士。曾在中国、越南、摩洛哥和毛利坦尼亚的学校教授葡萄牙语。

1-**3** Yeon Youngae，韩国籍韩语教师（2022—2023年）中国首都师范大学博士，韩国语教员资格证2级，曾任中韩多所高校韩语教师，具有10余年TOPIK辅导经验。擅长韩语口语、TOPIK写作、听力、阅读等教学。获2022外国友人看长沙暨"看长沙"短视频比赛优秀奖。

1 Isroilov Diyorbek,乌兹别克斯坦籍俄语教师（2007—2009 年）
2 Markus Fazel,德国籍德语教师（2007—2014 年）

1 Yong Chan Young，韩国籍韩语教师（2008—2010年）
2 Anthony Thomas Drendel，美国籍英语教师（2010—2011年）

1 Domi Park,韩国籍韩语教师（2008—2015年）
2 Patricia Raquel Peixoto Goncalves,葡萄牙籍葡萄牙语教师（2009—2011年）

1 Gael Alavoine，法国籍法语教师（2009—2011年）
2 David Michel Goulet，法国籍法语教师（2009—2013年）

1 Juan Carlos Munoz Tallon，西班牙籍西班牙语教师（2009—2010年）
2 Зульфия，乌兹别克斯坦籍俄语教师（2009—2010年）

1 Ingo Viktor Komarek，德国籍德语教师（2009—2012 年）
2 Carneiro Pacheco Bluemel Cristina，葡萄牙籍葡萄牙语教师（2015—2016 年）

1 Seixeiro Da Silva Susana Raquel,葡萄牙籍葡萄牙语教师（2010—2012年）
2 Aurelie Veronique Philippe Marie Woitrin,比利时籍法语教师（2011—2012年）

1 阿卜杜,也门籍阿拉伯语教师(2011年)
2 Pedro,葡萄牙籍葡萄牙语教师(2015—2016年)

1 Douglas La Velle Omara,美国籍英语教师（2011—2012年）
2 David Monteiro Chagas,巴西籍葡萄牙语教师（2015—2016年）

1 Moustafa Mahmoud Abdelfattah Hassab Aldhshan，埃及籍阿拉伯语教师（2012—2013年）
2 Paulo Jose Machado Fernandes Da Silva，葡萄牙籍葡萄牙语教师（2018—2020年，2023年至今），葡萄牙国际大学学士。曾在中国、越南、摩洛哥和毛利坦尼亚的学校教授葡萄牙语。

1 Karim Belyhazi，法国籍法语教师（2013—2014 年）
2 Amandine Filipa Ferr-Eipa，葡萄牙籍葡萄牙语教师（2012—2013 年）

1 Lopez Stefano Nicola,意大利籍意大利语教师（2018—2020年）
2 Silvia Mag.（FH）Jacob,奥地利籍德语教师（2015—2016年）

1 Mark Alan Sweazey,美国籍英语教师(2016—2017年)
2 Bennie Lee Ferguson,美国籍英语教师(2016—2017年)

1 Morgan Alan Gibbons,英国籍英语教师（2019—2021年），英国桑德兰大学学士
2 Jeffrey Duncan Falconer,新西兰籍英语教师（2021—2022年）

1 - **3** Lee Sang Hun，韩国籍韩语教师（2021—2022 年），韩国外国语大学硕士
2 Vicente Zahonero Cambres，西班牙籍西班牙语教师（2021—2022 年）

1 Yasushi Kagawa，日本籍日语教师（2011—2012 年）
2 Soohee Lim，韩国籍韩语教师（2010—2012 年）

1 Mikyung Oh，韩国籍韩语教师（2011—2012 年）
2 林智妍，韩国籍韩语教师（2018 年）

我校其余外教名录：
LOIRE ANNE CHARLOTTE SIMONE，法国籍法语教师（2006—2008年）
FRANK DUANDE BARLOW，美国籍英语教师（2007—2008年）
MARTIJN DEN HEIJER，荷兰籍英语教师（2007年）
SHUNSHO NAKAZAWA，日本籍日语教师（2007—2008年）
CHIKAKO KAKOI，日本籍日语教师（2007—2008年）
TAREK AHMED SHARAF，德国籍德语教师（2008—2009年）
EMMANUEL ALBERT MICHEL LUCAS，法国籍法语教师（2008—2009年）
MIWAKO OBARA，日本籍日语教师（2008—2009年）
HYEYOUNG YOON，韩国籍韩语教师（2008—2010年）
PATIENCE ADINORKIE SEPENU，加纳籍英语教师（2008—2009年）
MARIANO JAVIER ZUK，阿根廷籍西班牙语及英语教师（2008—2009年）
RICHARO RENAUD，加拿大籍英语教师（2008—2009年）
JASON WRIGHT CLARK，美国籍英语教师（2008—2009年）
VICTOR JOAQUIN GOMEZ MACANAS，西班牙籍西班牙语教师（2009—2012年）
NATHANIEL QUINN JAMES，美国籍英语教师（2009—2010年）
GERARD ALPHONSE ARISTIDE DELBECQUE，法国籍顾问及法语教师（2010—2011年）
JOSE MANUEL CABELLO COTAN，西班牙籍西班牙语教师（2010—2011年）
YOSHINARI KAWAI，日本籍日语教师（2010—2011年）
DUNCAN JOHN MILLS，英国籍英语教师（2010—2012年）
GRACE G LIU，美国籍学院院长（2010—2011年）
MASAYOSHI TSUMORI，日本籍日语教师（2010—2011年）
MIKI NIWA，日本籍日语教师（2010—2011年）
HONG YE，澳大利亚籍院长助理（2010—2011年）
KRAKOLINIG JOHANNES，奥地利籍德语教师（2011—2012年）
PABLO GARCIA LOPEZ，西班牙籍西班牙语教师（2011—2013年）
ANTONIO MARIN GALVEZ，西班牙籍西班牙语教师（2011—2012年）
ALEXTS CHARLES BENOIST，法国籍英语和法语教师（2012—2013年）
YVES PIERRE ANTOINE COINDREAU，法国籍法语教师（2012—2013年）
CLAUDIO ALEJANDRO BASTIAS SALAMANCA，智利籍西班牙语和英语教师（2012—2013年）
STEPHEN JAY PARIS，美国籍英语教师（2012—2013年）
LUCAS MARTI DOMKEN，西班牙籍西班牙语教师（2012—2013年）
GARY PAUL STRIETER，美国籍英语教师（2012—2013年）
ANA GLORIA ARIAS TORRE，秘鲁籍西班牙语教师（2013年）
VASILEVA ELENA，俄罗斯籍俄语教师（2013—2014年）
MARINA CLAUAIA VAZ NEDIO，葡萄牙籍葡萄牙语教师（2013—2014）
PEREIRA VIEIRA ROSA MARIA，葡萄牙籍葡萄牙语教师（2013—2014年）
STEPHAN WALTER SEGETH，德国籍德语教师（2013—2014年）
JUAN FELIPE GOMEZ BELTRAN，哥伦比亚籍西班牙语教师（2013—2015年）
NOEMI ARRANZ REQUEJO，西班牙籍西班牙语教师（2013—2015年）
MINAKO YAMAGUCHI，日本籍日语教师（2013—2014年）
COLYRE FERRACIOLLI EDUARDO，巴西籍葡萄牙语及英语教师（2013—2014年）
DANIEL NICHOLAS TUTKOLUK，加拿大籍英语教师（2013—2015年）

SCOTT JAMES WILKINSON，澳大利亚籍英语教师（2013—2014年）
ROSS MOORE，英国籍英语教师（2013—2015年）
KORCHAK ANNA，俄罗斯籍俄语教师（2014—2016年）
KORCHAK DMITRII，俄罗斯籍俄语教师（2014年）
HOOSHMANDI HAMID REZA，奥地利籍德语教师（2014—2015年）
MATIAS ZAZO RUIZ，西班牙籍西班牙语教师（2013—2014年）
SAM JAE KIM，韩国籍韩语教师（2014—2016年）
FRANCISCO JAVIER MUNOZ ORTEGA，西班牙籍西班牙语教师（2014—2015年）
BUSTAMANTE TUNG JOSE ANTONIO，智利籍西班牙语教师（2015年）
MARIA ESTHER ROMOS GOMEZ，西班牙籍西班牙语教师（2015—2016年）
GHANNAME MOHAMED AMINE，意大利籍意大利语教师（2015—2016年）
PIERRE DANIEL HEMON，法国籍法语教师（2015—2016年）
YOLANDA GONZALEZ GARCIA，西班牙籍西班牙语教师（2015—2016年）
WILLIAM JOHN STEVENS，英国籍英语教师（2015—2016年）
TADHG EDWARD CLIFFORD SCULLY，美国籍英语教师（2015—2016年）
BUSTAMANTE RIFFO MARCO ANTONIO，智利籍西班牙语教师（2015—2021年）
GARCIA CUEVAS MARIA JESUS，西班牙籍西班牙语教师（2016年）
MATIAS ZAZO RUIZ，西班牙籍西班牙语教师（2016—2017年）
BLANCA CONDE GASPAR，西班牙籍西班牙语教师（2016—2017年）
DANIELA SOUSA DOMINGUES，葡萄牙籍葡萄牙语教师（2017—2018年）
BOSI GABRIELE，意大利籍意大利语教师（2017—2018年）
ANSKAR,JEAN—BAPTISTE,THIBAULT, PIO, PIERRE—YVES STOPKA，法国籍法语教师（2017—2018年）
THOMAS DAVID MICHAEL，英国籍英语教师（2019—2020年）
VINCENZO ETTORE MARINO，法国籍法语教师（2019—2020年）
LIUDMILA IVANOVA，白俄罗斯籍俄语教师，白俄罗斯国立大学学士（2019—2022年）
YAQUB MUHAMMAD ASIF，巴基斯坦籍客座英语教师，中国湖南师范大学学士（2022年）
PAULO JOSE MACHADO FERNANDES DA SILVA，葡萄牙籍葡萄牙语教师（2018—2020年，2023年至今）PETZER DARREN CHARLES，南非籍英语教师（2020—2021年）
EBERHARD WOLFGANG DAVE SPOHD，德国籍德语教师（2021—2022年）
VITALII STEPANENKO，俄罗斯籍英语教师（2021—2022年）
ABDELAZIZ OUHADDOU，摩洛哥籍德语教师（2022—2023年）
RUBAB FATIMA MUSHTAO，美国籍英语教师（2022年）
KIM DAEHYUN，韩国籍韩语教师（2020—2021年）

校友风采

Alumni

1 2023年2月2日至6日,宁翔副董事长一行赴安哥拉考察,受到当地校友热烈欢迎。
2 2023年2月4日,湖南外国语职业学院非洲校友总会在安哥拉成立,安哥拉中国湖南总商会会长郑长华,秘书长向浩,常务副会长李建军、戴安勋、杨俊,副会长蔡国良,副秘书长陈振宇等商会领导莅临成立大会现场。

1 2009届首批法语专业毕业生耿常青，扎根非洲近10年，现常驻非洲刚果（金）卢本巴西，就职于非洲可耐斯有限责任公司，担任中国客户经理。
2 2020届法语专业毕业生熊康俊，2020年毕业后曾在中国铝业几内亚有限公司担任法语翻译，现任中国冶金公司驻阿尔及利亚翻译。
3 2020届葡萄牙语专业毕业生刘烨，现就职于中洋集团安哥拉奥德工业园，担任销售总经理、清关部部长兼总经理助理。
4 2014届葡萄牙语专业毕业生肖小梅，中国德瑞集团驻安哥拉最高翻译。图为肖小梅与安哥拉现任总统（左二）合影

1 2016届毕业生叶桂华，毕业后前往沙特发展，现常驻迪拜，在新飞达食品有限公司任总经理。
2 2020届法语专业毕业生石芳梅，现担任正太集团有限公司法语翻译，常驻塞内加尔。
3 2012届葡萄牙语专业毕业生彭雯，曾外派阿尔及利亚，任项目法语翻译。
4 2021届法语专业毕业生刘诗琪，现就职于福建众晟机械有限公司，常驻非洲科特迪瓦。

1 22013届商务英语专业毕业生彭希文，目前任职于中国武夷实业股份有限公司巴布亚新几内亚分公司，担任CW2项目综合部管理人员。
2 2020届法语专业毕业生李娟，现就职于毛里塔尼亚宏东渔业。
3 2017届日语专业毕业生早恒康，现就职于日本docomoショップ，从事销售工作。
4 2021届西班牙语专业毕业生康虎（右一），现就职于中交三航局宁波分公司（马来西亚项目）。
5 2017届应用专业毕业生郑升华，毕业后长期在"一带一路"沿线国家从事涉外工作。现就职于菲律宾realme公司，担任销售部区域经理。

1. 2019届商务英语专业毕业生曾沩媚，现就职于迪拜Fidu properties公司。
2. 2020届应用俄语专业毕业生文宇萌，现任东莞天华光电有限公司驻俄罗斯与白俄罗斯业务总监。
3. 2019届商务英语专业毕业生刘张义，曾担任粤海通国际货代公司迪拜分公司市场部经理。
4. 2020届西班牙语专业毕业生张艺印，现担任中交路桥建设有限公司驻南美洲厄瓜多尔项目部翻译。
5. 2019届专业毕业生钟淇胤，曾赴非洲科特迪瓦实习，担任翻译兼销售。

社会服务
Social Outreach

❶ 2011年，我校客座教授、美国圣路易斯城市大学教授、美国圣路易斯"希望工程"负责人鲍勃教授一行在湖南省内各地、州、市各级中学进行公益讲学，受到了当地教育部门的大力支持和热烈欢迎。

❷ 2016年9月28日，由国家商务部主办，湖南省商务厅培训中心承办的"2016年援苏丹职业教育管理研修班"全体学员，来我校学习考察。

❸-❹ 2023年5月19日，由国家商务部主办，中央财经大学培训学院承办的援外项目"发展中国家财务管理与零基预算技术研修班"全体学员，来我校学习考察。

1 2022年5月，我校完成湖南省商务厅承办的"莫桑比克议会行政能力研修班"线上翻译任务。
2 2022年7月，我校完成湖南省商务厅承办的"古巴可持续发展建筑材料和技术海外研修班"翻译任务。
3 2022年8月，我校完成湖南省商务厅承办的"阿拉伯语投资政策管理研修班"援外研修班翻译任务。
4 2022年6月，我校参与湖南省商务厅承办的"葡语国家传染病防治研修班"援外培训项目。
5 2022年9月，我校完成湖南省商务厅承办的"约旦手工编织研修班"援外研修班翻译任务。

1 2023年2月14日，我校成为湖南省中非经贸合作促进研究会副会长单位。
2 2022年11月25日，宁翔副董事长作为"中非志愿者之家"建设校方代表出席"中非志愿者之家"启动仪式。
3 2023年3月8日，湖南省中非经贸合作促进研究会执行会长兼秘书长彭争一行莅临我校，并为我校成为湖南省中非经贸合作促进研究会副会长单位进行授牌。

1 2021年9月，我校学生为第二届中国—非洲经贸博览会提供志愿者服务。
2 2023年4月，我校600余名小语种专业学生分批次前往中非经贸合作促进创新示范园进行实地实训。
3 2023年6月，我校举行第三届中非经贸博览会志愿者动员大会。
4 2023年7月，我校学生志愿者在第三届中国—非洲经贸博览会上提供展区销售翻译服务。

1 – 5 2023年7月，我校教师为第三届中国—非洲经贸博览会提供相关服务。

1 2022年10月7日，我校成功加入世界大学联盟（AUF）。

2 - 3 2023年6月25日，高嘉庆董事受邀参加由世界大学联盟（AUF）举办的世界（亚太区）加强高教交流合作研讨会，并与世界法语大学联盟亚太区办公室主任洛朗·塞尔梅特合影留念。

1 2023年7月13日,我校承办职业院校非通用语种国际化建设研讨会,同时,葡萄牙语职业教育产教联盟成立并落户我校。

国际学生

International Students

1 2022年6月21日，湖南省教育厅同意我校备案为来华留学生招生单位。

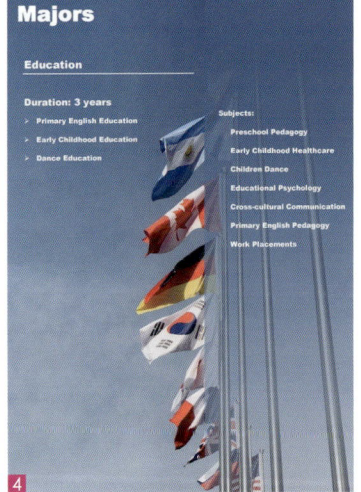
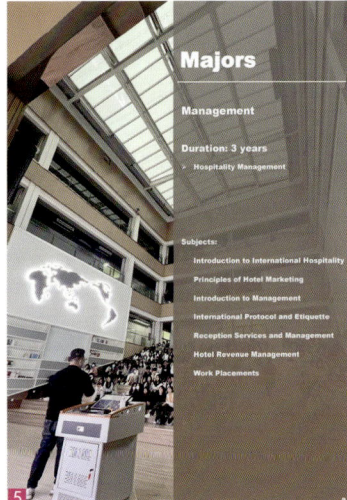

1-5 我校发布 2023 年国际学生招生简章。

1 国际教育学院学生合影

图书在版编目（CIP）数据

湖南外国语职业学院国际化发展进程/宁平，高嘉庆主编．—上海：同济大学出版社，2023.10
ISBN 978-7-5765-0936-6

Ⅰ.①湖… Ⅱ.①宁…②高… Ⅲ.①湖南外国语职业学院—国际化—研究—中国 Ⅳ.① G718.5

中国国家版本馆 CIP 数据核字（2023）第 185060 号

湖南外国语职业学院国际化发展进程

主　编　宁　平　高嘉庆　**副主编**　宁　翔　付兴华　张梦婷

责任编辑　金英伟　**责任校对**　徐逢乔　**封面设计**　潘向蓁

出版发行	同济大学出版社　www.tongjipress.com.cn （地址：上海市四平路 1239 号　邮编：200092　电话：021-65985622）
经　　销	全国各地新华书店
排　　版	南京文脉图文设计制作有限公司
印　　刷	上海安枫印务有限公司
开　　本	787mm×1092mm　1/16
印　　张	6.25
字　　数	156 000
版　　次	2023 年 10 月第 1 版
印　　次	2023 年 10 月第 1 次印刷
书　　号	ISBN 978-7-5765-0936-6
定　　价	168.00 元

本书若有印装质量问题，请向本社发行部调换　　　版权所有　侵权必究